Revised Edition

PRACTICAL SIGHT READING EXE
FOR PIANO STUDENTS

BY

BORIS BERLIN

AND

CLAUDE CHAMPAGNE

BOOK V

Including rhythm tests based on the sight reading requirements for Grade V piano examinations.

Edition Révisée

EXERCICES PRATIQUES DE LECTURE À VUE
POUR LES JEUNES PIANISTES

PAR

BORIS BERLIN

ET

CLAUDE CHAMPAGNE

CINQUIÈME LIVRE

Comprenant des exercices de rythme

équivalents à ceux des examens

de piano du 5e degré.

© Copyright U.S.A. MCMLXII by Gordon V. Thompson Limited, Toronto, Canada
International Copyright Secured
All Rights Reserved

2

EXERCISES IN PLAYING SHORT RHYTHMIC PIECES

Observe the key-signature, clap the rhythmic pattern, then play the piece.

EXERCICES DE COURTES MELODIES RYTHMIQUES

Observer l'armure, battre des mains le rythme de la mélodie, puis jouer le morceau.

EXERCISES IN COUNTING

Play each exercise several times counting the beats.

EXERCICES DE MESURE

Jouer plusieur fois chaque exercice en comptant les temps.

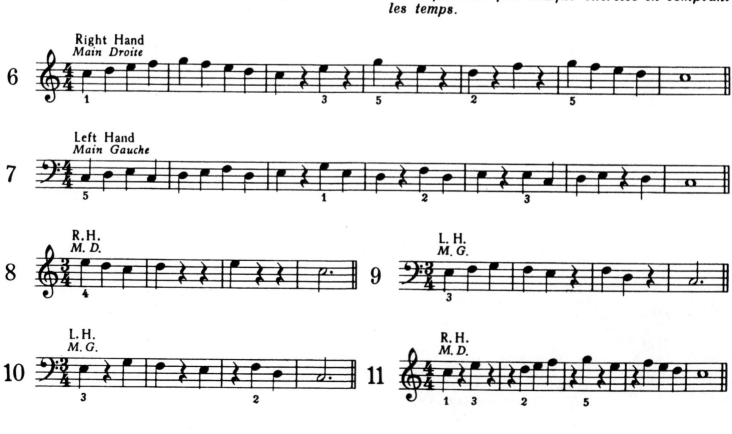

SIGHT PLAYING EXERCISES

For best results play each exercise twice naming
the notes and counting the beats.

EXERCICES DE LECTURE A VUE

*Jouer les exercices deux fois, nommer les notes et
compter les temps.*

J. Ph. KIRNBERGER

Clap the rhythm of the melody.

Frappez le rythme de la mélodie.

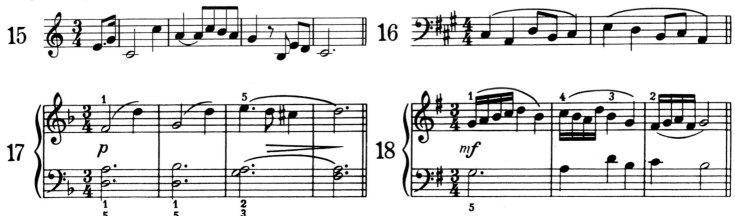

4

EXERCISES IN PLAYING MELODIES
WITH a) Solid chord, and b) Broken chord
accompaniment.

EXERCICES DE MELODIES AVEC AC-
COMPAGNEMENT a) D'accords plaqués,
et b) d'accords brisés.

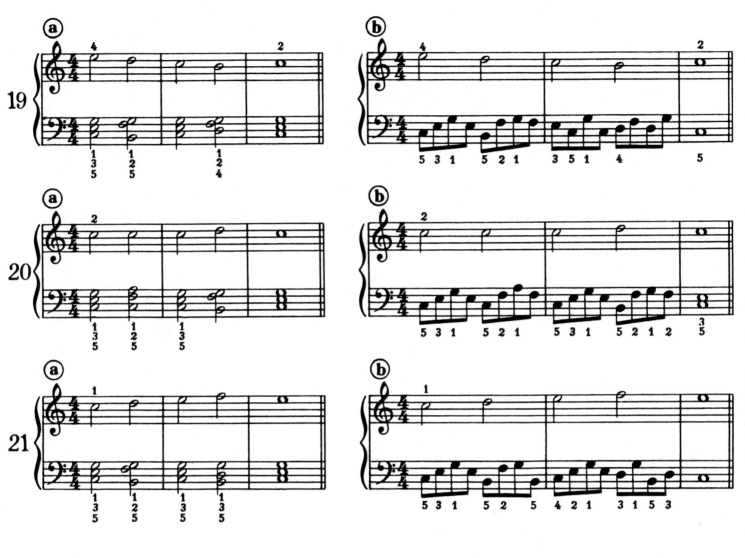

EXERCISES IN RHYTHMIC PLAYING

JOUER CES PASSAGES RYTHMIQUES

Clap the rhythm of the melody.

Frappez le rythme de la mélodie.

Clap the rhythm of the melody.

Frappez le rythme de la mélodie.

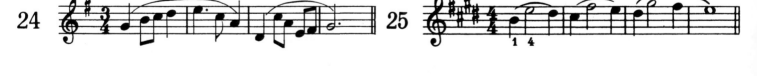

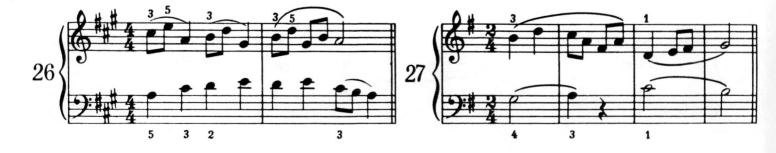

SIGHT PLAYING EXERCISES
(Melodies with accompaniment, passages in
two parts and rhythmic exercises.)

EXERCICES DE LECTURE A VÜE
*((a) Mélodies avec accompagnement harmo-
nique, (b) avec accompagnement contrapuntique,(c) exercices rythmiques.)*

Clap the rhythm of the melody.

Frappez le rythme de la mélodie.

EXERCISES IN PLAYING MELODIES WITH a) Solid chord, and b) Broken chord accompaniment.

EXERCICES DE MELODIES AVEC ACCOMPAGNEMENT a) D'accords plaqués, et b) d'accords brisés.

Clap the rhythm of the melody.

Frappez le rythme de la mélodie.

SIGHT PLAYING EXERCISES
(Melodies with accompaniment, passages in two parts and rhythmic exercises.)

EXERCICES DE LECTURE A VUE
((a) Mélodies avec accompagnement harmonique, (b) avec accompagnement contrapuntique (c) exercices rythmiques.)

Clap the rhythm of the melody.

Frappez le rythme de la mélodie.

Have you played this left-hand part before?

Avez-vous déjà joué la partie de la main gauche?

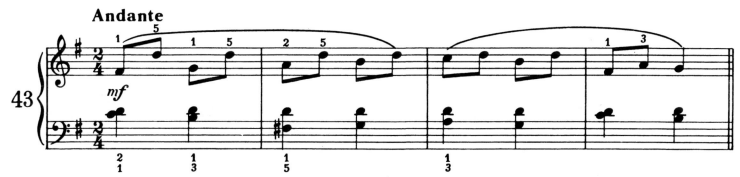

Clap the rhythm of the melody.

Frappez le rythme de la mélodie.

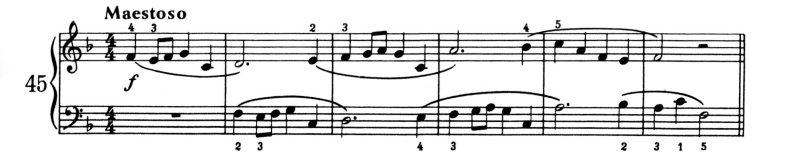

Clap the rhythm of the melody.   *Frappez le rythme de la mélodie.*

W. A. MOZART (1756-1791)

Clap the rhythm of the melody.

Frappez le rythme de la mélodie.

G. Ph. TELEMANN (1681-1767)

Clap the rhythm of the melody.

Frappez le rythme de la mélodie.

Clap the rhythm of the melody.

Frappez le rythme de la mélodie.

Mark with ⌐⌐ the same phrases (tunes) found in both the right and left hand parts of these pieces, then play them.

Indiquez par ce signe ⌐⌐ *les* <u>mêmes</u> *phrases qui se trouvent à la main droite et à la main gauche, puis jouez les morceaux.*

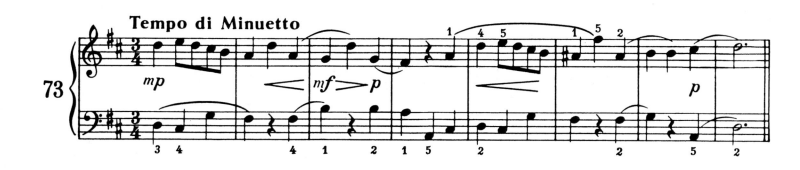

73 Tempo di Minuetto

Clap the rhythm of the melody.

Frappez le rythme de la mélodie.

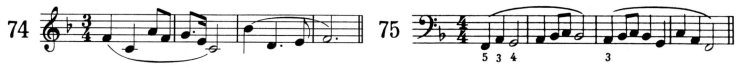

74 **75**

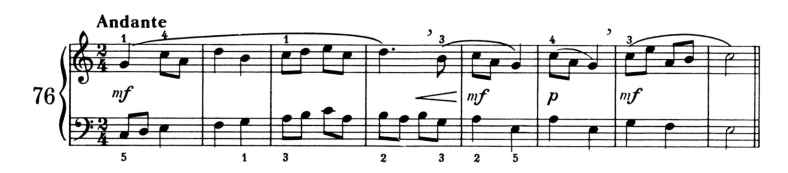

Andante

76

77

Andante espressivo

78

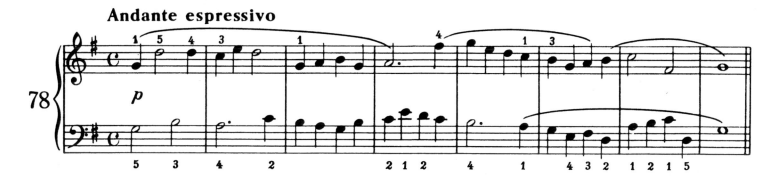

Clap the rhythm of the melody.

Frappez le rythme de la mélodie.

79

Clap the rhythm of the melody.   *Frappez le rythme de la mélodie.*

Clap the rhythm of the melody.   *Frappez le rythme de la mélodie.*

Allegretto

W. A. MOZART (1756-1791)

Clap the rhythm of the melody.

Frappez le rythme de la mélodie.

TURK (1756-1813)

Poco adagio

16

SIGHT READING TESTS
based on the examination requirements of the
Royal Conservatory of Music of Toronto.

ÉPREUVES DE LECTURE À VUE
données par le maître.

APPRÉCIATION DU PROFESSEUR

TEACHER'S GRADING
Marks
Points

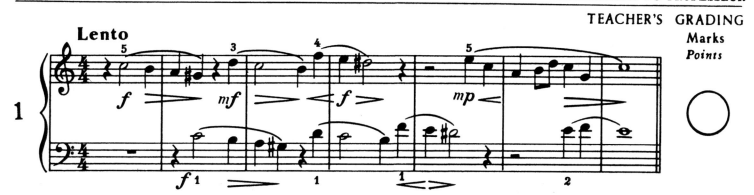

Clap the rhythm of the melody.

Frappez le rythme de la mélodie.

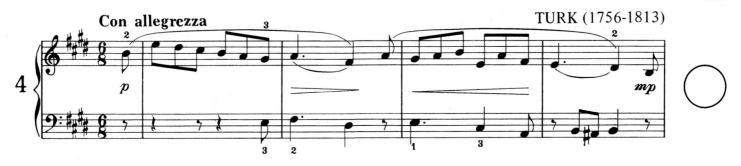

Con allegrezza   TURK (1756-1813)

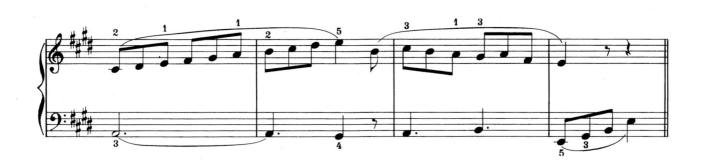

Clap the rhythm of the melody.   *Frappez le rythme de la mélodie.*

Andante

Allegretto   G. M. Monn (1717-1750)

Moderato

G. F. RAMEAU (1683-1764)

8

Clap the rhythm of the melody.   *Frappez le rythme de la mélodie.*

9

Andante

R. SCHUMANN (1810-1856)

10

RHYTHM TESTS Based on the EAR TEST REQUIREMENTS for Grade V Piano Examinations.

Examen rythmique équivalent à ceux du piano, 5e degré.

A

The teacher plays (twice) one of the short phrases. The pupil imitates the RHYTHM of the phrase by clapping, tapping, or singing.

A

Le professeur joue (deux fois) une de ces courtes mélodies, et l'élève répète le RYTHME en battent des mains.

TEACHER'S GRADING
APPRÉCIATION DU PROFESSEUR

Marks
Points

B

The teacher claps twice one of the rhythmic patterns in six-eight or three-four time, without showing it to the pupil. The pupil imitates the rhythmic pattern by clapping or tapping.

B

Le professeur frappe des mains (deux fois) l'une des formules rythmiques. L'ayant écoutée, l'élève la reproduit de la même façon.

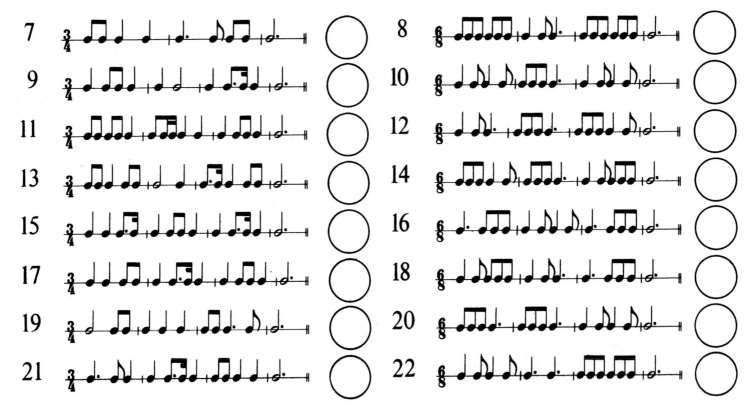